REVUE
ARCHÉOLOGIQUE

OU RECUEIL

DE DOCUMENTS ET DE MÉMOIRES

RELATIFS

A L'ÉTUDE DES MONUMENTS; A LA NUMISMATIQUE ET A LA PHILOLOGIE

DE L'ANTIQUITÉ ET DU MOYEN AGE

Publiés par les principaux Archéologues

FRANÇAIS ET ÉTRANGERS

et accompagnés

DE PLANCHES GRAVÉES D'APRÈS LES MONUMENTS ORIGINAUX

Tirage à part.

DEUX QUESTIONS DE CHRONOLOGIE ET D'HISTOIRE

ÉCLAIRCIES

PAR LES ANNALES D'ASSURBANIPAL

Par M. ROBIOU

PARIS

AUX BUREAUX DE LA *REVUE ARCHÉOLOGIQUE*

LIBRAIRIE ACADÉMIQUE — DIDIER et Cⁱᵉ

QUAI DES AUGUSTINS, 35

DEUX QUESTIONS

DE

CHRONOLOGIE ET D'HISTOIRE

ÉCLAIRCIES

PAR LES ANNALES D'ASSURBANIPAL

PAR

M. ROBIOU

Extrait de la *REVUE ARCHÉOLOGIQUE*

PARIS

AUX BUREAUX DE LA *REVUE ARCHÉOLOGIQUE*

LIBRAIRIE ACADÉMIQUE — DIDIER et Cᵒ

Quai des Augustins, 35

1878

DEUX QUESTIONS DE CHRONOLOGIE ET D'HISTOIRE

PAR LES ANNALES D'ASSURBANIPAL

I

ÉTAT DE LA DOUBLE QUESTION.

La concordance entre la date de la défaite d'un roi mède par les Assyriens, énoncée en années d'un roi d'Assyrie, dans le livre de Judith, et la date, en années de la chronologie mède, de la catastrophe de Phraortes, au 1er livre d'Hérodote, concordance signalée par M. de Saulcy dans son grand mémoire de 1849 (1) sur la chronologie du nouvel empire assyrien, n'a pas fait disparaître toute difficulté dans les synchronismes de ces divers États. L'attention portée sur les détails du récit hébreu a soulevé de tels embarras que certains savants ont cru y reconnaître une allégorie morale plutôt qu'un document historique. Mais, depuis quelques années, des documents assyriens d'une certaine étendue et d'une importance considérable, se rapportant au milieu du viie siècle, ont été publiés et traduits, et, en les étudiant de près, ainsi que les versions diverses du livre de Judith, j'ai cru trouver la solution de difficultés qui autrement paraissaient inextricables.

C'est le résultat de cette étude que j'apporte aujourd'hui. Bien qu'il s'agisse d'un morceau de l'Écriture sainte, je n'aborderai ici aucune question théologique. Je m'attacherai exclusivement aux variantes relatives aux questions de chronologie et de géographie, que les théologiens déclarent n'être pas de leur ressort.

Le roi d'Assyrie qui combattit le père de Cyaxare et lui enleva la

____

(1) *Mém. de l'Acad. des Inscr.*, XIX, 1.

couronne et la vie n'est pas nommé dans Hérodote ; mais l'historien donne au roi mède le nom de Phraortes, nom purement aryen et qui a été reconnu, sous sa forme originale de Fravartis, dans l'inscription de Béhistoun (1), comme étant celui d'un chef d'insurrection en Médie, sous le règne de Darius. Le livre de Judith donne au roi vaincu le nom d'Arphaxad, et à son rival celui de Nabuchodonosor. Tout le monde est d'accord sur ce fait que tel n'était point le nom que ce dernier prince portait à *Ninive ;* la série des Sargonides est aujourd'hui assez bien connue pour qu'on puisse l'affirmer. Quel est celui d'entre eux qu'il faut reconnaître sous cette dénomination, et d'où lui vient-elle ? L'identification de Phraortes et d'Arphaxad est-elle certaine ? Que savons-nous des campagnes de l'armée assyrienne, vers l'époque indiquée ici, dans les pays dont parlent l'auteur hébreu et l'auteur grec ? Telles sont les questions à la fois complexes et connexes que nous avons à étudier.

Si importants et si étendus que soient les documents assyriens récemment publiés, il faut reconnaître que, mutilés pour la plupart, ils ne nous donnent pas l'histoire entière de l'Assyrie au milieu du vii° siècle : il est encore plusieurs faits importants sur lesquels nous sommes réduits à des inductions ou à des conjectures ; mais du moins la connaissance de faits nombreux nous permettra-t-elle d'établir celles-ci sur un terrain plus solide. D'autre part, il ne faut pas oublier que nous n'avons plus l'original chaldaïque du livre de Judith, original qui existait encore au temps de saint Jérôme, mais dont il signale avec regret les copies négligées et discordantes, qui le laissent plein d'incertitude sur les variantes des textes. Nous aurons donc soin (ce qu'on n'a pas toujours fait) d'avoir constamment sous les yeux la version grecque, plus étendue en certains passages, beaucoup plus ancienne et composée à une époque où les manuscrits n'avaient pas été maltraités ainsi ; la préface de saint Jérôme ne résout point d'ailleurs la question de savoir si la version latine est abrégée ou la version grecque paraphrasée, là où elle contient quelques lignes de plus ; l'inverse d'ailleurs se produit aussi. Il dit seulement : « Multorum codicum varietatem vitiosissimam amputavi : sola ea quæ intelligentia integra in verbis chaldæis invenire potui, latinis expressi. » La version syriaque aujourd'hui existante, ayant été reconnue pour avoir été faite sur le grec, ne peut avoir l'autorité d'un original oriental. Néanmoins, comme elle pouvait me fournir pour

____

(1) Par M. Oppert, leçons (inédites) des 19 mars et 14 mai 1866, et 18 février 1867.

le texte grec lui-même des variantes précieuses, je n'ai point négligé
de consulter la traduction latine que donne du syriaque, inaccessible
pour moi, la Polyglotte de Walton.

II

CHRONOLOGIE MÉDIQUE D'HÉRODOTE; CONJECTURE DE RAWLINSON.

Il y a plus de trente ans (1) qu'a été soulevée, par sir Henry
Rawlinson, une question longtemps négligée, mais qui pourtant
réclame une réponse. L'illustre assyriologue anglais avait émis
l'opinion que le Phraortes d'Hérodote, le roi mède, défait et mis à
mort par les Assyriens, peu avant la chute de Ninive, n'était pas
Phraortes, fils de Déiokès et père de Kyaxare, mais bien Déiokès
lui-même (2), fils d'un Phraortes, suivant le témoignage formel
de l'historien grec, et dont le patronymique Phraazad aurait été
transcrit par Φραόρτης dans son récit, et par Arphaxad (ארפכשד)
dans les manuscrits chaldaïques du livre de Judith, par un copiste
juif plus familier avec les noms des ancêtres de sa race qu'avec ceux
des princes mèdes (3). On peut même ajouter, sans y attacher trop
d'importance, que la liste de Ctésias paraît concorder avec celle
d'Hérodote pour les trois derniers règnes de la Médie indépendante,
et que, s'il est fait mention, sous l'avant-dernier, d'une guerre
acharnée contre les Scythes, le précédent ne paraît terminé par aucune catastrophe.

Pour reprendre la question dans son ensemble, commençons par
reconnaître les points fixes de la chronologie mède d'après Hérodote. La chute d'Astyage est maintenant fixée par les chronologistes,
à 559 ou 560. L'historien d'Halicarnasse nous dit qu'il régna trente-
cinq ans; Kyaxares, quarante; Phraortes, vingt-deux; Déiokès, cin-
quante-trois (4). Si ce sont des années pleines, la mort de Phraortes
se trouve reportée par là à 635 ou 634, et celle de Déiokès à 657

(1) *The Journal of the Royal Geographical Society of London*, vol. X, 1841;
Memoir on the site of the Atropatenian Ecbatana, by H. C. Rawlinson. Voy. p. 141-42.
(2) Rawlinson n'est pas le premier qui ait eu cette pensée. Voy. la Bible dite de
Vence, VI, p. 144.
(3) L'auteur propose la dégradation phonétique suivante : Phraazad = Arphazad =
Arphaxad. Il rappelle aussi que les grandes fortifications d'Ecbatane sont attribuées
à Déiokès par Hérodote, et au roi vaincu par les Assyriens dans le livre de Judith
(I, 1-2 du texte grec; le latin lui fait bâtir la ville elle-même).
(4) L. I, chap. 130, 106, 102.

ou 656. Si ce sont des années caves, on aura approximativement 632
pour le premier événement, 654 pour le second. M. Fr. Lenormant
a fait d'ailleurs observer qu'un texte de Sargon paraît concorder
avec le comput d'Hérodote pour reporter aux dernières années du
viiie siècle le commencement du règne de Déiokès (1).

Or à quoi correspondent ces années finales de Déiokès et de
Phraortes, dans les annales de l'Assyrie ? Il est reconnu aujourd'hui,
d'après l'étude combinée des listes de magistrats éponymes pour
Ninive et du canon de Ptolémée pour Babylone (2), qu'Assurbanipal (ou, comme le transcrit M. Oppert, Assurbanihabal) fut, en 667,
associé au trône par son père Assarhaddon; très-peu après, son
frère Samoulsamoukin, le Saosduchin de Ptolémée, le Sammu-
ghês d'Eusèbe, le fut au gouvernement de Babylone. L'an 654 correspond donc à la treizième ou quatorzième année d'Assurbanipal, et l'an 657-6 à la dixième ou onzième, car on ne peut exiger
une correspondance rigoureuse de chiffres, tant qu'on ignore, non-
seulement si les années des rois mèdes sont pleines ou caves, mais
si leur calendrier était d'accord avec celui des Assyriens.

Le texte latin du livre de Judith paraît placer la catastrophe du roi
de Médie à la douzième année du roi de Ninive; mais, si l'on y regarde de près, on verra que cette douzième année se rapporte à une
première campagne plutôt qu'à la prise d'Ecbatane et à la mort du roi.
En effet le grec, qui place également cette campagne à la douzième
année, *reporte* à la dix-septième la catastrophe finale, que le latin
ne raconte pas (4), et met entre les deux des événements que nous
allons étudier. L'explication de cette omission est d'ailleurs facile :
le copiste du manuscrit que le traducteur latin a suivi a cru simple-
ment abréger, mais il a fait autre chose et confondu des faits bien
distincts, trompé qu'il était par la ressemblance des deux noms
géographiques. Le nom de Ragau se trouve inscrit dans deux passages, mais, selon moi, avec des significations bien différentes.
Dans le premier (verset 5), il est question d'une *plaine* sur les
limites de Ragau; dans le second (verset 15), l'auteur nomme des
montagnes de ce nom. Ces montagnes, on peut les reconnaître dans

(1) Première Lettre assyriologique, p. 56-9.

(2) Voy. Oppert, *Mémoire sur les rapports de l'Égypte et de l'Assyrie*, p. 44.

(3) M. Smith transcrit : Saulmugina, dans sa publication de l'*Histoire d'Assurbanipal*. M. Oppert, dans le mémoire cité, a écrit ce nom tel que je le donne dans le
texte; il l'a corrigé, dans le *Journal asiatique*, en Samul-masad-yukin (janv. 1872,
note des p. 110-11).

(4) Tous ces passages sont contenus dans le 1er chapitre.

la chaîne des monts Elbourz, très-voisine de la fameuse ville de
Ragae ; tandis que « la grande plaine sur les frontières de Ragau »
peut bien être celle de l'Aracca de Ptolémée (1), située effective-
ment, comme le fait entendre (2) le verset sixième, dans le voisinage du Tigre et de l'Euphrate, puisqu'elle était bâtie près du
premier de ces fleuves, vers l'endroit où le second s'en rapproche
beaucoup, pour s'en éloigner de nouveau et se confondre enfin avec
lui. Cette Aracca, le géographe la place à peu près à la latitude
d'Orchoé (Warka), dans la partie de la Susiane qui avoisine le Tigre.
On pourrait aussi, avec une exactitude linguistique plus grande
encore, identifier la *plaine de Ragau* avec la position de Ῥάγεα
que Ptolémée (V. 20, 8, c.l. 5) place dans la Babylonie maritime, au
N.-E. de Térédon ; seulement il faut observer que, si les eaux du
Tigre et de l'Euphrate coulent à peu de distance de cette ville,
elles y coulent *réunies*. Quant à l'Hydaspe que le grec nomme encore ici, le latin le transcrit Iadason, ce qui prouve qu'à une époque
déjà fort ancienne ce nom avait été maltraité par les copistes, au
point de nous laisser entière liberté dans sa lecture véritable : ce
pourrait à la rigueur être le Choaspe, affluent du Tigre peu éloigné
d'Aracca, sur les frontières de la Susiane ou Élymaïde. Mais la
variante du syriaque (*et Ulaeum*) nous reporte non plus seulement
en pleine frontière d'Elam, mais dans la vallée de l'Ulaeus, Ulaï des
Assyriens, nommé dans les Annales d'Assurbanipal (p. 130). Une
autre variante du syriaque, relative au commencement du même
verset, confirme encore la distinction des deux Ragau ; on y lit,
en effet (d'après la traduction latine) : *fecit Nebucadnesar rex bellum
Arphaxad regi in planitie, planitie inquam Durae*, pour l'indication
du premier théâtre de la guerre contre Arphaxad, tandis que,
dans la seconde, le texte nomme les montagnes de Ragau. *Durae* est
évidemment un nom oriental pourvu par le traducteur d'une ter-
minaison latine. Or, dans une des guerres d'Assurbanipal contre les
Élamites (3), on trouve une localité dont le nom est transcrit
Duril par M. Smith, mais peut très-certainement aussi se transcrire
par Dur-an : ⸻ (4). Après l'entrée du roi dans cette

(Déterminatif) Dur — an.

(1) L. VI, chap. 3, § 4.
(2) Et non pas *dit* expressément ; mais, quand il le dirait, toute difficulté sérieuse
me paraît écartée avec la confusion des deux Ragau.
(3) *History of Assurbanipal* (v. *infra*), p. 127.
(4) Nom de la divinité, lu *il* en langue assyrienne, et *an* dans celle pour laquelle

place, son adversaire se replia sur Suse, ▸◁⫿⫿ ⊟ ♈ ▸◂|.

(Déterminatif) Su — sa — an.

Duran était donc plus voisine de la frontière.

Le roi des Mèdes était sans doute le plus puissant des confédérés comprenant les montagnards et les riverains de ces fleuves ; mais rien ne prouve que ni lui ni ses alliés aient éprouvé alors d'échec décisif. Bien au contraire, les messages que le roi d'Assyrie envoie ensuite à diverses contrées (1) ayant manifestement pour objet de sommer ses vassaux de lui envoyer leurs contingents, il y a quelque lieu de penser qu'il craignait pour l'issue de la lutte. De leur côté, ceux-ci, le voyant embarrassé dans une guerre difficile, méprisèrent ses ordres (2), et par le fait il n'obtint que plus tard la soumission des Élamites et des Mèdes; encore celle-ci fut-elle de courte durée.

III

SYNCHRONISME D'URTAKI.

Mais, avant d'aborder l'histoire de ces messages et de leurs conséquences, nous trouvons, dans la désignation, si brève qu'elle soit, des peuples confédérés contre le roi d'Assyrie, une mention qui nous donne déjà un point d'appui pour une discussion chronologique. Nous le trouvons dans un fait raconté avec détails par les Annales d'Assurbanipal, qui vont nous fournir de si abondantes sources d'éclaircissements sur l'objet du présent mémoire. Ces annales ont été conservées en quadruple exemplaire sur des barils ou prismes décagones trouvés en Assyrie. Le prisme A (3) est de beaucoup le mieux conservé; cependant la comparaison des divers exemplaires est indispensable pour combler les lacunes et relever les variantes. M. Smith a d'ailleurs complété ces documents à l'aide d'un certain nombre de tablettes. Voici d'abord

a été composée l'écriture cunéiforme anarienne. Suivant la règle générale, les deux prononciations *coexistaient* en assyrien.

(1) Voy. Judith, I, 7-12.

(2) Tout ceci résulte clairement du texte grec, au 11ᵉ verset : Καὶ ἐφαύλισαν πάντες οἱ κατοικοῦντες τὴν γῆν τὸ ῥῆμα Ναβουχοδονόσορ, τοῦ βασιλέως Ἀσσυρίων, καὶ οὐ συνῆλθον αὐτῷ εἰς τὸν πόλεμον, ὅτι οὐκ ἐφοβήθησαν αὐτόν.

(3) Ainsi désigné par M. Smith dans sa publication, et par M. Oppert dans le mémoire cité.

le sixième verset du premier chapitre de Judith dans son entier
et dans sa triple version.

GREC.	SYRIAQUE (3).	VULGATE.
Καὶ συνήντησαν πρὸς αὐτὸν (Ἀρφαξὰδ) πάντες οἱ κατοικοῦντες τὴν ὀρεινὴν καὶ πάντες οἱ κατοικοῦντες τὸν Εὐφράτην καὶ τὸν Τίγριν καὶ τὸν Ὑδάσπην καὶ πεδίον Ἀριωχ τοῦ βασιλέως (1) Ἐλυμαίων · Καὶ συνῆλθον ἔθνη πολλὰ σφόδρα εἰς παράταξιν υἱῶν Γελώδ (2).	Et egressi sunt ipsi obviam omnes habitantes iuxta fluvium Euphratem et Tigrim (4) in planitie Ariuc, regis Elam.	In campo magno, qui appellatur Ragau, circa Euphraten et Tigrin et Iadason, in campo Erioch, regis Elicorum.

Elicorum et βασιλεὺς proviennent manifestement de fautes de
copistes. Le premier est un nom géographique ou ethnographique parfaitement inconnu; le second rendrait la phrase à peu
près inintelligible. Il s'agit donc des possessions en plaine d'un
roi des Élamites nommé Arioch, Erioch ou Ariuc. On ne trouve
pas, parmi les princes élamites que nous font connaître les annales
d'Assurbanipal, la transcription exacte de ce nom; mais, si l'on
admet qu'un copiste grec ait omis le petit trait transversal d'un τ,
le texte grec et le texte syriaque qui en dérive reproduiront fidèlement le nom du roi Urtaki, le premier adversaire d'Assurbanipal
dans cette contrée (5). Quant aux manuscrits chaldaïques, on admettra difficilement qu'un *teth* ou un *thau* aient été remplacés par
un *iod*; mais rien n'est plus facile que de supposer (dans un nom
propre inconnu) la transcription par un *iod* י de la dentale douce
daleth, ד. Or, précisément le ד et le ט babyloniens, vocalisés soit
par l'A (6), soit par l'I, sont reproduits par le même groupe (7). Il est
vrai, le nom du roi Élamite est écrit par les syllabes correspondant

(1) Dans la *polyglotte* de Walton : ὁ βασιλεύς.

(2) *Ibid.*, Χελέουλ. Si, comme l'admettent quelques-uns, il faut accepter la leçon
βασιλεύς, le sens pourrait n'être pas changé, pourvu qu'on mette une virgule après
πεδίον.

(3) D'après l'interprétation de Walton.

(4) Var. : Euphratem et Tigrim et Ulaeum. V. *supra*.

(5) *History of Assurbanipal*, p. 100-106. Ce nom est aussi écrit Urtak et Urtagu
(v. p. 109).

(6) ☰◁.

(7) Voy. le tableau des syllabiques ninivites et babyloniens, dans la Grammaire
assyrienne de M. Ménant; ces groupes se trouvent aux pages 11 et 12. Il y a même
une certaine ressemblance entre les groupes ☰╎╎╎ (ד) et ☰╎╎ (י) dans
l'orthographe ninivite (*ibid.*, p. 10 et 12).

aù *thav* (Ur-tak, Ur-ta-ki); mais la langue élamite ou susienne étant très-différente de l'assyrien, les variantes devaient être fréquentes. Nous en connaissons plusieurs pour ce nom même.

Voici, en peu de mots, ce que le texte assyrien traduit par M. Smith nous apprend de cette guerre : Une multitude d'Élamites avait envahi la province d'Accad et marché vers Babylone, alors étroitement unie à l'empire assyrien, sans y être précisément incorporée. Les Élamites furent, il est vrai, refoulés vers la frontière; mais leur patrie ne fut réellement envahie à son tour qu'après qu'un certain Téumman se fut placé sur le trône et que la famille d'Urtaki (1) eut cherché, avec un grand nombre d'émigrés, un refuge dans le royaume d'Assurbanipal. Profitant de cette division, il pénétra au cœur du pays et rétablit, à la place de Téumman, vaincu et mis à mort, un fils d'Urtaki nommé Ummanigas (2). Le classement ethnographique adopté par le rédacteur des Annales peut expliquer comment il n'est point fait ici mention d'une défaite des Mèdes, alliés d'Urtaki.

Ce récit avoue clairement que, même victorieux, les Assyriens n'osèrent pas d'abord s'engager dans les montagnes de la Susiane; l'auteur parle des terreurs et du désespoir d'Urtaki, mais ajoute que, pendant une année, les deux peuples demeurèrent en présence. Naturellement le roi d'Assyrie dut, pendant cet intervalle, faire appel à ses vassaux pour compléter sa victoire. C'est seulement dans le texte latin (3) qu'une autre explication des faits est brièvement indiquée : *Tunc exaltatum est regnum Nabuchodonosor et cor ejus elevatum est; et misit, etc.* Mais le rédacteur du texte *abrégé* de ce premier chapitre paraît avoir confondu les deux campagnes contre les Mèdes. On ne voit pas que le roi d'Assyrie ait obtenu ce concours : ce furent les discordes d'Elam qui lui livrèrent l'avantage dans ce pays. Se croyant en sûreté après avoir donné la couronne à son protégé, il put songer à punir ceux qui lui avaient refusé leur assistance.

(1) Ou peut-être Uryaki. V. la note précédente.
(2) *History of Assurbanipal*, p. 102-6 (prisme B), 110-12 (C); cf. 127-38.
(3) Judith, I, 7.

IV

LES PEUPLES DE L'ASIE OCCIDENTALE : L'ÉGYPTE.

Ces peuples auxquels sont envoyés des messages du roi d'Assyrie
sont énumérés dans le livre de Judith, et cette énumération concorde d'une manière frappante avec la situation de l'empire de
l'Assyrie pendant la première partie du règne d'Assurbanipal. Voici
le texte :

		SYRIAQUE.	VULGATE.
7	Καὶ ἀπέστειλε Ναβουχοδονόσορ ὁ βασιλεὺς Ἀσσυρίων ἐπὶ πάντας τοὺς κατοικοῦντας τὴν Περσίδα, καὶ ἐπὶ πάντας τοὺς κατοικοῦντας πρὸς δυσμαῖς, καὶ τοὺς κατοικοῦντας Κιλικίαν καὶ Δαμασκὸν, καὶ Λίβανον καὶ Ἀντιλίβανον καὶ πάντας τοὺς κατοικοῦντας κατὰ πρόσωπον τῆς παραλίας.	Et misit Nabuchodonosor rex Assyriae ad omnes incolas occidentis, Ciliciaeque, Damasci Libanique et locorum circumpositorum. Et ad omnes qui habitant iuxta mare.	Et misit ad omnes qui habitant in Cilicia, et Damasco, et Libano.
8	Καὶ τοὺς ἐν ἔθνεσι τοῦ Καρμήλου, καὶ Γαλαάδ, καὶ τὴν ἄνω Γαλιλαίαν καὶ τὸ μέγα πεδίον Ἐσδρηλώμ·	Incolasque Carmeli et Galaad et Galilaeae superioris et planitiei magnae Iesraël.	Et ad gentes quae sunt in Carmelo et Cedar et inhabitantes Galilaeam in campo magno Esdrelon.
9	Καὶ πάντας τοὺς ἐν Σαμαρείᾳ καὶ τὰς πόλεις αὐτῆς, καὶ πέραν Ἰορδάνου ἕως Ἱερουσαλὴμ καὶ Βετούνη καὶ Χελλάς, καὶ Κάδης καὶ τοῦ ποταμοῦ Αἰγύπτου, καὶ Τάφνας, καὶ Ῥαμεσσῆ καὶ πᾶσαν γῆν Γεσέμ·	Et ad omnes qui in Samaria et civitatibus eius, quique ultra Iordanem, Ierosolymamque et qui habitant Batnan et Calon et Cadesh et qui ad fluvium Aegypti, quique in Tachpsis et ad Ramases et totam Goshen.	Et omnes qui erant in Samaria, et trans flumen Iordanem usque ad Ierusalem et omnem terram Iesse, quo usque perveniatur ad terminos Aethiopiae.
10	Ἕως τοῦ ἐλθεῖν ἐπὶ νῶτα Τάνεως καὶ Μέμφεως, καὶ πάντας τοὺς κατοικοῦντας τὴν Αἴγυπτον,	Tanem usque ad Memphim item et omnes incolas Aegypti	(Ce verset est omis dans la Vulgate, sauf les derniers mots par

ἕως τοῦ ἐλθεῖν ἐπὶ τὰ ὅρια Αἰ- usque ad terminos lesquels se termine le
θιοπίας.   Cush.   précédent et qui suffi-
                                                 sent à la rigueur pour
                                                 représenter l'Égypte.)

La Perse, nommée dans le grec actuel, n'est pas omise seulement dans la Vulgate, mais dans le syriaque, qui représente un manuscrit grec probablement plus ancien. Il est fort douteux qu'Assurbanipal ait prétendu intimer ses ordres à un peuple séparé de lui par les Élamites et déjà peut-être assujetti aux Mèdes. Quelque copiste des temps moyens aura cru impossible l'omission du peuple qui avait lutté contre Alexandre.

La Cilicie et Damas, le Liban et l'Antiliban représentent des contrées soumises par Sargon, le fondateur de la dynastie. Le Carmel, Galaad, la haute Galilée, la plaine d'Esdrelon, la Samarie, correspondent à l'ancien royaume d'Israël, colonisé par Assarhaddon. Nous aurons bientôt à rechercher quelle était en ce moment la condition du royaume de Jérusalem (1). La Cadès du grec et du syriaque est apparemment celle d'Idumée; je ne sais ce que représente le mot Χελλούς.

Mais ce sont surtout les détails donnés sur l'Égypte qui paraissent *dater* le message et qui constatent une connaissance précise et certaine des faits. Les prismes d'Assurbanipal racontent sa guerre contre Tearco, le Taharqa du quatrième livre des Rois et des documents hiéroglyphiques. Or voici comment se trouvait alors partagée l'Égypte, flottant, selon l'impression du moment, entre l'Éthiopien et l'Assyrien : 1° royaume de Memphis et de Saïs, appartenant alors, comme le disent et Assurbanipal et Manéthon, à Néchao Iᵉʳ, le père du fameux Psammétik; 2° royaume de Tanis; 3° royaume de Natho; 4° royaume de Pa-Sept; 5° royaume d'Athribis; 6° royaume de Khenensu (l'Héracléopolis des Grecs); 7° royaume de Zar; 8° royaume de Natho (canton alors subdivisé); 9° royaume de Sébennyte; 10° royaume de Bindad (Mendes); 11° royaume de Bu(baste); 12° et 13° illisibles; 14° royaume de Pa-Sept (subdivisé comme Natho); 15° royaume de Pa-Chnut; 16° royaume de Siyaut (la Lycopolis des Grecs, aujourd'hui Syout); 17° royaume de Chemmis (Panopolis); 18° royaume de Thinis; 19° royaume de Ni (Thèbes) (2).

(1) Lui donner le nom de terre de Jessé, Jessé étant la tige de la maison régnante, est une locution bien assyrienne : les Assyriens appelaient le royaume d'Israël, *maison de Homri.* Voy. Lenormant, *Lettres assyriol.*, I, p. 56.

(2) Voy. Oppert, *Mémoire sur les rapports de l'Égypte et de l'Assyrie,* p. 65-7.

C'est là ce morcellement de l'Égypte dont parlent avec détails les monuments des deux nations et spécialement la stèle de Pianchi, quelque peu antérieure aux événements qui nous occupent; morcellement dont Hérodote a eu quelque vague notion, mais dont il était loin de connaître l'importance et la durée. Les rois assyriens se faisaient les protecteurs, tantôt de gré, tantôt de force, de ces petits États contre la dynastie éthiopienne qui régnait habituellement à Thèbes; mais ils n'ont jamais dépassé les limites de l'Éthiopie proprement dite; et c'est ce qu'exprime très-exactement le livre de Judith en arrêtant aux *frontières* de ce royaume les réclamations du roi d'Assyrie. On avait d'abord, il est vrai, confondu avec Méroé le Miluhkhi des textes assyriens, auquel les princes ninivites étendaient leur domination temporaire sur l'Égypte; mais M. de Rougé a démontré, dans sa leçon (inédite) du 21 janvier 1870, que cette assimilation est impossible, le Miluhkhi étant, d'après un des récits dont nous parlons (1), au nord et non pas au sud de No (Thèbes) : selon le savant professeur, ce pays, s'il ne désigne pas la presqu'île du Sinaï, doit représenter la région marécageuse de Maréa ou peut-être la Cyrénaïque. M. Oppert a, lui aussi, abandonné l'identification avec Méroé (2). Mais Thèbes est nommée parmi les villes dont le roi assyrien réclame l'assistance; il la prit en effet deux fois, sur Tahraqa et sur Urdamané (3).

Le royaume de Memphis et Saïs, dont la dynastie finit bientôt par absorber toutes les autres et les avait absorbées déjà peut-être quand le livre de Judith fut écrit, y est naturellement désigné. On peut se demander si la Tanis du texte grec est la Tanis de la basse Égypte ou la Thinis de la haute : toutes deux avaient alors des dynasties. Ramessès et Gessen sont évidemment choisis par le rédacteur hébreu d'après un souvenir de la Genèse pour désigner une partie de la basse Égypte, celle apparemment qui se trouve au sud de Tanis et qui correspond aux quatrième, septième, dixième, onzième et quatorzième États de la liste assyrienne. Quant à Τάφνας, il était naturel de l'identifier au Δαφναί des Grecs; mais comme le syriaque transcrit Tachpsis et que la forme réelle est fort incertaine, on se demande si ce n'est pas plutôt le Pachnuti des Assyriens. En égyp-

L'orthographe assyrienne est ici corrigée, tant d'après l'auteur du mémoire que d'après les travaux de MM. de Rougé.

(1) V. la p. 74 du mémoire cité (p. 586 du VIIIe volume des Mémoires présentés par divers savants à l'Académie des inscriptions).

(2) Leçon (inédite) du 20 mai 1873.

(3) Voy. Oppert, p. 68, 75, 81 et 83.

tien *To*, pays, et *Pa*, demeure, conviennent également à des dénomi-
nations topographiques. M. de Rougé (1) n'identifiait à aucun
nom égyptien connu la forme assyrienne Pa-Chnuti ; il reconnaissait
seulement dans *nuti*, la dernière partie de ce mot, la prononciation
des bas temps pour le mot *nuter*, divin.

Quoi qu'il en soit, il est clair que le message est adressé, en
Égypte, non à un seul État, mais à plusieurs. Ce démembrement
existait déjà vers la fin du viii° siècle, ainsi qu'il résulte du texte de
Pianchi. Il existait encore pendant les premières années d'Assurbanipal, comme on le voit non-seulement par les prismes de ce
prince, mais par la chronologie égyptienne, laquelle devient *certaine et précise* tout justement à cette époque, à cause de la série
des Apis qui relie, sans solution de continuité, la fin de la dynastie
éthiopienne à l'invasion de Cambyse. Psammétik devient roi de
Saïs en 665, troisième ou quatrième année d'Assurbanipal, et celui-
ci remporte successivement des succès écrasants sur Tahraqa et
sur Urdamané, beau-fils de ce dernier. Les Assyriens avaient cruel-
lement traité la basse Egypte, lorsque, par haine de leur domination, elle avait rappelé les Éthiopiens, pour ne pas dire les
Thébains, puisque, nous le savons aujourd'hui, la vingt-cinquième
dynastie était d'origine thébaine ; mais les petites dynasties de
l'Égypte inférieure ne furent pas anéanties : nous les retrouvons
dans la dodécarchie d'Hérodote et de Diodore. Celui-ci (2) compte
dix-huit années entre la retraite des Éthiopiens et l'avénement de
Psammétik comme roi unique. Or, Psammétik n'était pas encore roi,
lors de la première campagne de notre récit (entre 667 et 665) (3),
et l'on ne peut guère placer la campagne contre Urdamané avant
664 ; la fin du morcellement de l'Égypte pourrait donc être rapportée
à 646 ou environ. Nous verrons tout à l'heure que le message royal
doit être quelque peu antérieur à 647, mais pas de beaucoup ; il
appartient donc, selon toute vraisemblance, à l'une des dernières
années du règne des dynastes, mais il appartient certainement à
cette période-là.

(1) Leçon (inédite) du 19 janvier 1870.

(2) I, 66.

(3) Nous avons trouvé le nom de son père dans la liste assyrienne ; quant à la
mention de Psammétik lui-même, que M. Smith avait cru trouver dans ces Annales
à l'occasion des affaires de Lydie, et qu'il pensait appartenir alors au souverain de
l'Égypte entière, M. Oppert a réfuté cette erreur. Il n'est question dans ce passage
ni du nom de Psammétik, ni d'une grande monarchie égyptienne, mais bien de dynastes multiples. (*Journal asiat.*, janv. 1872, p. 112.)

V

PREMIÈRES MARCHES D'HOLOPHERNE; SYNCHRONISME LYDIEN.

Le roi de Ninive veut se venger du mépris qu'ont fait de sa puissance
les peuples occidentaux. Il envoie contre eux Holopherne, général
suprême de ses troupes, avec ordre de lui soumettre ces nations (1),
à la suite d'un conseil tenu la treizième année de son règne, selon
le texte latin, la dix-huitième selon le texte grec, la vingt-huitième
d'après le syriaque. La première de ces dates correspond à l'an 650
ou environ, la seconde à 645, la troisième à 635, et les événements qui
suivent vont nous permettre de faire un choix entre ces chiffres. Avant
d'aller plus loin, il convient de rappeler que la forme iranienne du
nom d'Holopherne (Urafrâna) a choqué un savant critique, aussi
bien que le langage qu'il tient aux étrangers, langage impie aux
yeux de tous les croyants, contrastant beaucoup avec le ton reli-
gieux qu'emploient les rois d'Assyrie (et Assurbanipal tout le premier) en parlant de leurs divinités. Les deux faits pourtant peuvent
s'expliquer l'un par l'autre. Dans les premiers temps de son règne,
Assurbanipal avait eu à guerroyer dans le pays de Mannaï, c'est-à-
dire de Van, en Arménie, canton où depuis longtemps déjà une tribu
aryenne s'était fixée, quand le grand peuple aryen que les Grecs ont
nommé Ἀρμένιοι vint remplacer une domination anarienne dans la
région qui porte aujourd'hui le nom d'Arménie. La soumission fut
complète. Épouvanté par les dévastations de l'armée assyrienne, le
peuple de ce pays se souleva contre son roi; les propres serviteurs de
celui-ci le massacrèrent; son fils lui succéda, mais se soumit et recon-
nut, dit le vainqueur, le pouvoir des *dieux* d'Assyrie. Il envoya
même son fils rendre hommage au souverain de Ninive, et sa fille au
harem royal (2). Quoi d'étonnant dès lors si, parmi les vaincüs, un
ambitieux a su gagner la faveur du maître et, brillant soldat de for-
tune, n'a plus connu d'autre patrie que les camps et la cour du roi,
d'autre dieu que son ambition et son épée? Or, si le texte latin dit
un peu plus loin : *præceperat enim illi Nabuchodonosor rex ut omnes
deos terræ exterminaret, videlicet ut ipse solus diceretur deus ab his*

___

(1) En leur demandant *la terre et l'eau*, suivant la formule asiatique, qui fut plus
tard intimée aux Grecs (voy. Hérodote, VII, 133, et Judith II, 5, du texte grec).

(2) Prismes A, 3ᵉ col., et B, 3ᵉ col. (p. 64-8 et 85-7 de Smith).

nationibus quæ potuissent Holofernis potentia subjugari (1), le grec dit seulement : Ην δεδογμένον αὐτῷ ἐξολοθρεῦσαι πάντας τοὺς Θεοὺς τῆς γῆς, ὅπως αὐτῷ μόνῳ τῷ Ναβουχοδονόσορ λατρεύσωσι πάντα τὰ ἔθνη καὶ πᾶσαι αἱ γλῶσσαι καὶ αἱ φυλαὶ αὐτῶν ἐπικαλέσωνται αὐτὸν Θεόν (2). Rien là n'implique, de la part du roi, le mépris des dieux d'Assyrie.

Où se dirigent d'abord les pas d'Holopherne? quels sont ces peuples de Phut et de Lud qui, d'après le grec et le syriaque, paraissent éprouver les premiers effets de la colère du roi, et chez lesquels l'armée, partant de Ninive, arrive en passant au pied d'une montagne, à gauche de la haute Cilicie, et en pénétrant dans les montagnes (3)?

Dans la traduction d'un document chaldaïque, la gauche représente apparemment le nord; c'est donc vers le centre ou l'ouest de l'Asie Mineure que se portent les Assyriens, en laissant au sud les montagnes de Cilicie, c'est-à-dire l'Amanus et le Taurus oriental. Ils pénètrent alors dans une région montagneuse, et en effet, en suivant cette direction, les massifs de la Pisidie se présentaient devant eux. L'omission de la sifflante par les copistes, assez négligents, nous l'avons vu, suffit pour transformer en Phut le nom de cette contrée; celui de Lud représentant la Lydie, la concordance géographique est complète, et la marche de l'armée fort claire. Quant à la prise de Méloth, mentionnée seulement par la Vulgate (4), elle peut, comme le pense Ménochius, représenter Mélitène en Cappadoce, ville appelée Mélite par Pline. Elle pourrait à la rigueur aussi représenter Milet; mais on se demanderait, en ce cas, comment l'invasion de l'Asie Mineure n'aurait point laissé de souvenir parmi les Grecs, ou en eût laissé si peu que ni Hérodote ni les fragments d'aucun écrivain gréco-asiatique ne nous l'eussent conservé (5). D'ailleurs il semble,

----

(1) Judith, III, 13.

(2) III. Les instructions du roi (II, 5-6) ne contiennent même pas l'ordre de le faire adorer.

(3) Καὶ ἐξῆλθον ἐκ Νινευὶ ὁδὸν τριῶν ἐπὶ πρόσωπον τοῦ πεδίου Βεκτιλαίθ· καὶ ἐπεστρατοπέδευσεν ἀπὸ Βεκτιλαίθ, πλησίον τοῦ ὄρους τοῦ ἐπ' ἀριστερὰ τῆς ἄνω Κιλικίας... καὶ ἀπῆλθεν ἐκεῖθεν εἰς τὴν ὀρεινήν (II, 12).

Syr. Et egressi sunt de Ninive iter trium dierum adversus planitiem Bethketilath. Et castra posuerunt ex adverso Bethketilath secus montem Aganorum, qui a sinistris superioris Ciliciae. Et profecti sunt inde in montana.

Καὶ διέκοψεν τὸ Φοὺδ καὶ τὸ Λούδ (13). Et exciderunt Phutaeos et Ludaeos.

La Vulgate dit seulement : « Venit ad magnos montes Ange, qui sunt a sinistro Ciliciae, ascenditque omnia castella eorum et obtinuit omnem munitionem (II, 12). »

(4) II, 13.

(5) Il faut pourtant remarquer que toute cette période est perdue dans l'ouvrage

par la liaison des deux versets, que cette ville de Méloth est plutôt
dans le voisinage ou les flancs des monts Angé, dans lesquels on
peut reconnaître le massif central de la Cappadoce, dont le mont
Argée des temps classiques est le pic principal (ארג, אגנ, peuvent
aisément se confondre).

Mais arrêtons-nous à l'invasion de la Lydie, qui pourra nous offrir
des synchronismes intéressants, rappelés déjà par M. Smith dans
la *Zeitschrift für ägyptische Sprach- und Alterthumskunde* de janvier 1869, au sujet des Annales d'Assurbanipal, qui vont nous fournir ici un nouveau commentaire du récit que nous étudions.

Les marbres de Paros, disait-il, placent en 605 l'avénement du
père de Crésus ; et Eusèbe s'accorde avec eux pour la durée de son
règne. Or les deux rois qui le séparent de Gygès ont respectivement
trente-huit et quinze ans dans le canon d'Eusèbe, trente-sept et
cinq ans dans le texte de son Histoire, ce qui reporte la mort de
Gygès lui-même à 658 ou 647. Il a donc été contemporain au moins
des premières années d'Assurbanipal (1).

En effet, les Annales de celui-ci parlent d'une invasion qui le
vengea, dit-il, de la défection de Gygès (Gu[ug]gu), roi de Lydie
(Luuddi), pays maritime, « contrée éloignée dont les rois mes pères
« n'avaient pas entendu prononcer le nom ». Cette invasion fut
celle des Gimir(ra)aï, évidemment les Kimmériens d'Hérodote, qui,
selon l'historien d'Halicarnasse, n'eut lieu que sous le règne suivant,
mais que le texte assyrien fait remonter plus haut : il raconte que
Gygès avait fait hommage au roi de Ninive de deux de leurs chefs
prisonniers ; mais qu'ensuite, Gygès ayant fait contre Assurbanipal
alliance avec l'Égypte, Assur vengea son adorateur par la main des
Gimirraï, qui dévastèrent le pays et réduisirent ainsi le successeur
de Gygès à renouveler son hommage envers Ninive (2).

Assurbanipal le considérait donc comme son vassal ; il dut être
compris dans la réclamation des contingents et dans l'arrêt lancé par
le roi de Ninive contre ces vassaux rebelles. Le texte grec de Judith
parle d'ailleurs de dévastations en Lydie, mais nullement de conquête, ce qui explique le silence d'Hérodote concernant cette inva-

de Diodore de Sicile, où l'on devrait, *plutôt encore que chez Hérodote*, trouver la
mention de ces faits.

(1) D'après Hérodote (I, 16, 25), il s'écoule cent dix-huit ans de la mort de Gygès
à l'avénement de Crésus (Ardys 49 ans, Sadyatte 12, Alyatte 57).

(2) *Hist. of Assurb.*, p. 64-8, 71-4 (prismes A, col. III, B, col. III, et une tablette) ; Hérodote, I, 15-16. Hérodote dit (16) que l'invasion se prolongea jusqu'au
règne d'Alyatte.

sion, momentanément désastreuse, mais passagère et qui eut des
effets moins durables que celle des Kimmériens. Si d'ailleurs elle
eut lieu la treizième ou quatorzième année d'Assurbanipal (vers
654), cette date peut correspondre à la quatrième ou cinquième
année d'Ardys, ce qui concorde assez bien avec l'ensemble des faits.
Il est vrai, les Annales ne racontent pas cette guerre, bien qu'elles
parlent, nous le verrons, de faits postérieurs; mais, les armées
assyriennes n'ayant pas séjourné en Asie Mineure et n'y ayant pas
fait de conquête, cette course put n'être considérée que comme un
simple prélude des événements de Babylonie, d'Arabie et de Syrie
dont nous allons prochainement parler. Il en fut apparemment de
même du pillage effectué aux dépens des *fils de Tharsis*, que
Ménochius identifie avec vraisemblance avec les habitants du pays
de Tarse en Cilicie. Du reste, si la Vulgate les nomme ainsi, le grec
les remplace par les « fils de Rhases », et le syriaque par les « fils
de Thiras et de Ramesis », noms qui, plus ou moins exactement
transcrits, représentent celui du texte grec et celui du texte latin.
Ramesis sera, si l'on veut, Ramith, au sud du mont Casius, dans
la Syrie septentrionale.

VI

GUERRE DE BABYLONIE

Nous arrivons à l'un des passages du livre de Judith qui ont paru
le plus répugner à son caractère historique, et pourtant c'est ce passage qui, une fois la lumière projetée sur ce récit par la découverte
des Annales d'Assurbanipal, va au contraire nous fournir un des
points de repère les plus assurés dans l'ordre des faits historiques
et chronologiques. Après avoir pénétré jusqu'au désert des Ismaélites,
l'armée longe, puis passe (c'est-à-dire repasse) l'Euphrate, va dé-
vaster la Mésopotamie et s'avance jusqu'à la mer, qui ne peut ici être
que le golfe persique (2). Voici le texte avec ses variantes d'orthographe, car il n'y en a guère d'autres ici :

Καὶ παρῆλθε τὸν Εὐφράτην, καὶ διῆλθε τὴν Μεσοποταμίαν· καὶ κατέσκαψε πάσας τὰς πόλεις τὰς ὑψηλὰς τὰς ἐπὶ τοῦ χειμάρρου Ἀρβωναὶ ἕως τοῦ ἐλθεῖν ἐπὶ τὴν θάλασσαν (II, 14).	Et traiecto Euphrate transivit Mesopotamiam quae ad meridiem, destruxitque omnes civitates fortes quae adsitae sunt fluvio Iabok, donec pervenirent ad mare.	Et transivit (Holophernes) Euphraten et venit in Mesopotamiam : et fregit omnes civitates excelsas, quae erant ibi, a torrente Mambre, usquequo perveniatur ad mare.

(2) Judith, II, 13 (grec et latin).

Cette expédition au delà de l'Euphrate n'était nullement prévue du lecteur, à en juger d'après le récit des causes de la guerre; j'ajoute qu'elle ne l'était ni du roi ni de l'armée, lors du départ de celle-ci, et qu'elle interrompit très-péniblement les plans d'Assurbanipal; nous savons aujourd'hui comment et pourquoi, car il a bien voulu nous en instruire en détail; écoutons-le :

« Saulmugina, mon jeune frère, qui ne conservait point ma « faveur, fit révolter contre ma main le peuple d'Accad (1), de « Chaldée (2), d'Aram (3) et la côte de la mer depuis Aqaba jusqu'à « Babsalimit, mes tributaires. Et Ummanigas le fugitif, qui avait « pris le joug de mon autorité, que j'avais investi du royaume « d'Élam, fit révolter les rois de Guti, de Martu et de Miluhkhi, « qui *tenaient mes mains* par le commandement d'Assur et de « Beltis, et ils mirent leurs visages avec lui (4). » C'est dans le récit de cette défection que l'on trouve un fait pouvant servir d'explication au nom de Nabuchodonosor, donné au prince assyrien par le narrateur hébreu, qui probablement avait vécu à Babylone, pendant la captivité. M. Smith cite plusieurs exemples de rois assyriens de la même période qui ont porté, en certaines circonstances, un nom différent de celui sous lequel ils sont connus : ainsi Sennacherib dit que son fils Assur-ah-iddina (Assarhaddon) a reçu de lui le nom de Assur-ebil-mukin-pal, et Assurbanipal lui-même porte, sur une tablette du Musée britannique (K., 195), le nom de Sin-inadina-pal. Or une autre tablette (K., 2,634) nous apprend qu'au moment de sa rupture avec son frère, Saulmugina ouvrit les trésors de Bel à Babylone, de *Nebo* à Borsippa et de Nergal à Kutha, et les envoya au roi d'Élam, évidemment pour s'assurer son alliance. Le roi de Ninive,

____

(1) 𒀀𒁹.

(2) 𒆠𒁹𒁹. M. Smith transcrit *Kal-du*. Il est clair que les Chaldéens (déterm.) (?) – *du*. dépendaient du roi de Babylone.

(3) 𒀀𒁹𒁹
        A – ru – mu.

Il ne s'agit pas ici des Araméens de Syrie, mais de l'Aram des Fleuves dont parle la Genèse (XXIV, 10; XXVIII, 31), le pays des Aramu dont parlent les inscriptions des Sargonides (voy. Oppert, *Expéd. en Mésopot.*, I, 336, et *Annales de philosophie chrétienne*, septembre 1863). On retrouve le même peuple dans la *Syrie*, à *gauche* de l'Euphrate, que mentionne Xénophon (*Anabase*, I, 4).

(4) *Hist. of Assurb.*, p. 154-5, 157 (prisme A, col. iv). M. Smith traduit assez témérairement Guti, Martu et Miluhkhe par Arabie, Syrie et Éthiopie. Nous avons parlé plus haut du pays de Miluhkhe.

qui plus d'une fois témoigne sa piété envers Mérodach, le grand dieu
de Babylone, put fort bien 's'attribuer le rôle de vengeur de Nébo,
lui faire hommage de son succès, et prendre, *chez les Babyloniens*,
après sa victoire, le titre de Nabu-Kudur-usur, *Nébo a donné le dia-
dème*, qui est le nom significatif du vainqueur de Jérusalem.

« Dans ma sixième expédition, je rassemblai mon armée ; je diri-
« geai sa marche contre Saulmugina. J'assiégeai et je pris lui et
« une partie de ses combattants dans Sippara, Babylone, Borsippa
« et Kutha. »

Le narrateur raconte ensuite comment, avec l'aide de l'Assyrie,
Tammaritu remplaça Ummanigas sur le trône d'Élam (1), et il reprend
un peu plus loin : « En ces jours, le peuple d'Accad, qui était uni à
« Saulmugina et parlait mal, fut atteint par la famine ; ils mangè-
« rent pour se nourrir la chair de leurs fils et de leurs filles... Assur,
« Sin, Schamas, Vul (2), Bel, Nabo, Ischtar de Ninive, la reine
« divine de Kitmuri, Ischtar d'Arbel, Ninip, Nergal et Nusku mar-
« chaient devant moi et détruisaient mes ennemis ; Saulmugina, mon
« frère rebelle qui me faisait la guerre, fut jeté par eux (ses soldats?)
« dans un feu ardent et perdit la vie. Et les gens qui s'étaient laissé
« entraîner par Saulmugina, mon frère rebelle, et commettaient
« ces crimes..... ne brûlèrent pas avec Saulmugina, leur sei-
« gneur ;.. .. ils avaient fui et cherché un refuge. Le coup inévi-
« table des grands dieux, mes seigneurs, les abattit. Aucun coupa-
« ble ne put échapper à mes mains. » Le roi accorda cependant
une amnistie partielle et reçut la soumission de tout le pays (3).
Dans un autre récit, conservé plus loin et se rapportant à la guerre
d'Arabie, on lit que, lors du soulèvement simultané d'Élam et de
Babylone, Saulmugina avait reçu des secours d'Arabes, mais que,
les voyant défaits, voyant leurs débris contraints de sortir de
Babylone, où ils s'étaient repliés et où ils avaient souffert la
famine la plus affreuse, jusqu'à se dévorer les uns les autres, Saulmugina se rendit à son frère, qui lui accorda une autre princi-
pauté (4). Il y eut donc deux guerres de Babylonie, dont la première, celle à laquelle Saulmugina survécut, fut entreprise avec
l'aide d'une partie de l'Arabie. Or c'était précisément un peuple
arabe qu'Holopherne attaquait quand il fut rappelé au delà de l'Eu-

---

(1) *Hist. of Assurb.*, p. 158.
(2) Ou plutôt Ben (transcription de M. Oppert, *Journ. asiat., ubi supra*).
(3) *Hist. of Assurb.*, p. 162-5, 168-9 ; cf. 183, 186.
(4) *Ibid.*, p. 257-8, 262-4 (prisme A, col. VII et VIII).

phrate de la manière que nous avons vue. Le nom d'Arbonaï que
porte, dans la version grecque, un torrent bordé par plusieurs villes
rebelles ne se réfère, ce me semble, à aucun nom géographique
connu. Le nom de Jabok (du syriaque) appartient à un affluent du
Jourdain et n'est introduit là que par la naïveté d'un copiste. Mais
la Vulgate et surtout une variante du grec nous donnent indirecte-
ment la solution du problème. Le nom de Mambré peut être, et certainement celui d'Abron, est, on n'en peut douter, altéré de celui de
Chabur, le Χαβόρας des Grecs, affluent de l'Euphrate en Mésopotamie et qui, au temps de Xénophon (1), formait dans ce pays la
limite de deux régions. C'est même *à peine si* Abron, avec sa termi-
naison sémitique, est une *altération* de Chabur, *nom que porte
encore aujourd'hui* cette rivière : c'est ainsi que l'on a identifié
l'égyptien Khalbu à Khalbon (Alep). Le Chabur pouvait être alors la
frontière de la Babylonie, et, en fait, toutes les villes que nomment
les Annales d'Assurbanipal, dans le récit de cette guerre, étaient au
midi du Chabur. Le syriaque désigne expressément la Mésopotamie
méridionale.

  L'obstination du narrateur assyrien à s'attacher, non à l'ordre chronologique, mais à l'ordre ethnographique, met une certaine confusion
dans les dates des expéditions contre Élam et Babylone. La sixième
campagne, qui coûte la vie à Saulmugina, est placée, par son numéro
d'ordre et par la suite du récit, avant la neu..ième à laquelle il sur-
vit. Mais le canon de Ptolémée nous donne ici un point fixe et certain.
Le Saosduchin de son canon a régné dans Babylone pendant vingt
ans après Assarhaddon. C'est donc vers 647 que cette ville fut sou-
mise par Assurbanipal, et il paraît que les deux défaites de Saulmugina se suivirent de près, car Ptolémée ne distingue pas deux règnes
du même prince. Si donc les campagnes d'Holopherne ont commencé
dans la treizième ou quatorzième année du roi de Ninive, selon le
texte latin (654-3), la soumission de Babylone pourrait appartenir à
la septième année de la guerre; si elles ont commencé la dix-huitième seulement (649), nous serions arrivés à la troisième année des
hostilités; mais nous ignorons combien dura la guerre même de
Babylonie : la liste des éponymies d'Assurbanipal s'arrête après la
troisième, et nous ne trouvons après celle-là que des noms isolés
d'éponymes.

  Cependant un passage des Annales, mal traduit d'abord par

____

(1) *Anabase*, I, 4-5. Voy. mon *Itinéraire des Dix mille*, p. 21-2 (Biblioth. de
l'École des hautes études, 14e fascicule).

M. Smith, puis déclaré par lui inintelligible, enfin éclairci par M. Oppert (1), permet de serrer d'un peu plus près cette question de chronologie. Voici la traduction littérale donnée par l'illustre professeur :

Arah Duz ANMI sad urri bel nuri yustanih va samsi erub
(In fine) Duz (mensis) eclipsis (fuit) domini diei dei luminis, desiit et sol occidit,
va kima suatuma 3 yume ustanih ana kil
et sicut (illud) ita tres dies acquievi usque ad præcidendos
pali sav Elamti hulluq matisu
annos regis Elymaidis ad evertendam terram eius.

Ainsi une éclipse de soleil arrivée au mois du dieu Duz (le Thammuz des Syriens) retarda de trois jours les opérations militaires. Or, dit M. Oppert, « deux éclipses solaires seules de toute cette époque peuvent entrer en discussion : celle du 7 juin 651 et, ce qui est plus probable encore, celle du 27 juin 661. » La seconde de ces dates appartient à la sixième ou septième année d'Assurbanipal; la première à la seizième ou dix-septième. Or il s'agit ici d'une campagne contre Téumman, deuxième guerre d'Elymaïde. Ce règne a précédé celui d'Ummanigas, allié de Saulmugina dans sa guerre contre Ninive, mais a suivi celui d'Urtaki. Si donc, comme nous l'avons conclu, ce dernier a combattu contre les Assyriens dans la douzième ou treizième année d'Assurbanipal, l'éclipse doit être celle de 651; il reste encore un temps suffisant pour placer les événements qui séparent cette campagne de la prise de Babylone en 647.

VII

GUERRES DANS LE SUD-OUEST DE L'ASIE

La grande expédition d'Occident, interrompue par les événements de Babylonie, reprit son cours, et nous pouvons la suivre dans les récits parallèles du livre de Judith et des Annales d'Assurbanipal.

II, 15. Καὶ κατελάβετο τὰ ὅρια τῆς Κιλικίας καὶ κατέκοψε πάντας τόὺς ἀντιστάντας αὐτῷ · καὶ ἦλθεν ἕως ὁρίων Ἰάφεθ τὰ πρὸς νότον καὶ πρόσωπον τῆς Ἀραβίας.	Coeperuntque fines Ciliciae et exciderunt omnes qui ex adverso stabant. Venitque ad terminos Iaphet, qui ad meridiem adversus Arabiam totam.	Et occupavit fines eius a Cilicia usque ad fines Iaphet, qui sunt ad austrum.

(1) *Journal asiatique*, janvier 1872, p. 112. Voy. *Hist. of Assurban.*, p. 118.

16. Καὶ ἐκύκλωσε πάντας τοὺς υἱοὺς Μαδιάμ, καὶ ἐνέπρησε τὰ σκηνώματα αὐτῶν · καὶ προσ-ενόμευσε τὰς μάνδρας (caulas) αὐτῶν.

Et circumierunt omnes filios Madian, et tentoria caulasque eorum incenderunt.

Abduxitque omnes filios Madian et praedavit omnem locupletationem eorum, omnesque resistentes sibi occidit in ore gladii.

17 Καὶ κατέβη εἰς πεδίον Δαμασκοῦ ἐν ἡμέραις θερισμοῦ πυρῶν. (Ici le détail de ses ravages.)

Et descenderunt in agros Damascenos, tempore messis tritici, etc.

Et post haec descendit in campos Damasci in diebus messis, et succendit, etc.

18. Καὶ ἔπεσεν ὁ φόβος καὶ ὁ τρόμος ἐπὶ τοὺς κατοικοῦντας τὴν παραλίαν, τοὺς ὄντας ἐν Σιδῶνι καὶ ἐν Τύρῳ καὶ τοὺς κατοικοῦντας Σούρ καὶ Ὀκινὰ καὶ πάντας τοὺς κατοικοῦντας Ἰεμναάν (2), καὶ οἱ κατοικοῦντες ἐν Ἀζώτῳ καὶ Ἀσκάλωνι ἐφοβήθεσαν αὐτὸν σφόδρα.

Ceciditque timor ac tremor in omnes qui habitant iuxta mare et Tyri ac Sidone, incolasque Syriae et omnes qui habitant Lebnam incolasque Azoti, Askelonis et Gazae, et timuerunt sibi ab ipso magnum in modum.

Et cecidit timor illius super omnes inhabitantes terram (1).

Or, dans ce morceau des Annales où le rédacteur mentionne le concours que Saulmugina avait trouvé chez des Arabes, il raconte les faits que résument les versets précédents. Il ne parle pas, il est vrai, des frontières de Cilicie, que l'armée longea probablement après avoir repassé l'Euphrate à l'un des passages ordinaires de Thapsac ou de Carchémis (3) : l'ordre ethnographique le conduisait à supprimer cette circonstance. Mais le nom de Iaphet. très-inattendu dans ce récit, s'explique assez naturellement, comme terme géographique, par l'extrême affinité des muettes labiales et du M : c'est la ville de Hamath en Syrie, que l'on trouve en effet, en marchant au sud, après avoir quitté les frontières de la Cilicie (4). De plus, dans

(1) Ce dernier mot s'explique par le premier verset du chapître suivant. On y lit : « Tunc miserunt legatos suos *universarum* urbium ac provinciarum reges ac principes, Syriae scilicet, Mesopotamiae et Syriae Sobal atque Ciliciae. » Ils viennent faire leur soumission au représentant du roi d'Assyrie.

(2) Note de la Bible de Vence : « Le P. Houbigant soupçonne que *Sur* est le lieu ainsi nommé, à l'extrémité opposée à Tyr du côté de l'Égypte; que *Ocina* est *Acco* ou *Ace* qui fut nommé Ptolémaïde, et que Jemnaan est Jamnia. »

(3) C'est-à-dire Mabog ou Bambyce (Hiéropolis). Voy. Maspero, *ubi supra*, p. 12-15; cf. 31-36.

(4) Ou du territoire de Kiliza, peu éloigné de Carchémis. Voy. la première carte de la brochure de M. Maspero.

le récit des Annales (1), l'armée assyrienne, qui marche contre le roi d'Arabie Uaiteh, pénètre d'abord dans les pays d'AzarAN (2), chez la tribu de Hírataqa, dans Udumi, c'est-à-dire, comme le transcrit M. Smith, dans Edom (l'Idumée); puis dans le voisinage de Yabrud, dans Bit-Ammani (c'est-à-dire dans le pays Ammonite), dans le district de Hauran (Haurina), dans Moab (Muhaaba), dans Saharri, dans Harge et dans le district de Zohab (?) (Zubite).

Ce serait une tâche probablement impossible à remplir que d'identifier tous ces districts à des localités, soit de la géographie des temps classiques, soit de la géographie moderne. Disons seulement que l'Auranite forme, avec les pays d'Ammon et de Moab, une ligne à l'est du Jourdain et de la mer Morte, ligne que suit une armée venant du nord vers l'Idumée, et qui, pressée d'arriver en Arabie pour châtier, nous l'avons vu, une provocation récente avant de se venger d'un acte de désobéissance plus ancien, ne veut pas embarrasser sa marche de la résistance qu'elle pourrait trouver dans les montagnes de la Palestine.

Cette marche n'est énoncée dans le livre de Judith que par son point de départ et par son terme; mais les Arabes (A-ri-bi) (3) d'Uaiteh doivent être les Madianites du texte juif, qui habitaient sur le bord de la mer Rouge, près du golfe d'Akaba; d'autant plus qu'Uaiteh (4) épouvanté s'enfuit chez les Nabatéens, qui vivaient aussi dans le voisinage du même golfe. Après une digression sur les événements de Babylonie, auxquels avaient pris part les secours envoyés par Uaiteh (5), vient l'histoire d'une guerre contre les Nabatéens eux-mêmes (6), suivie de la soumission des peuples d'Arabie (7). Un autre prisme nous fait connaître la soumission, la révolte et le châtiment du pays de Kédar (8). Mais ces derniers événements sont postérieurs à l'épisode de Judith, car Assurbanipal fait prendre à son armée,

(1) P. 258-9 (prisme A, col. VII).

(2) La syllabe finale ⊢⊣ⵏ, AN ou IL, commençant par une voyelle et suivant immédiatement une consonne, il y a lieu de penser que l'on a ici un groupe idéographique; l'orthographe régulière serait, non pas A-za-ar-an, mais A-za-ar-ran.

(3) *Hist. of Assurb.*, p. 260 (prisme A, col. VIII).

(4) *Ibid.*, p. 262-4; cf. 257-8.

(5) A moins toutefois que les pages 257-62 ne se rapportent à une première expédition, contemporaine des premiers événements de Babylonie. Mais le fait d'une digression explicative, mal liée au corps du récit, ne serait pas en désaccord avec l'ensemble de la rédaction de ces Annales.

(6) *History of Assurb.*, p. 264-73.

(7) *Ibid.*, 277-82 (prisme A, col. IX).

(8) *Ibid.*, p. 283-9 (prisme B, col. VII-VIII, et tablette K, 2802 du British Museum).

marchant contre les Nabatéens et venant d'au delà du Tigre, la route de Damas (Di-mas-qa, le Damascus des Latins), où elle ne trouve pas de résistance, tandis que nous avons vu la soumission du pays de Damas opérée au retour de la première expédition d'Arabie (1). Les rois de Syrie et de Moab sont d'ailleurs fidèles au roi de Ninive contre celui de Kédar (2).

VIII

CAMPAGNE DE JUDÉE

Il va de soi-même que les Annales d'Assurbanipal ne disent pas un seul mot de la campagne de Judée. Un échec complet (qui même, en ce qui concernait le général, avait son côté ridicule) ne pouvait être indiqué dans un récit officiel; cela eût été contraire à l'usage universel des peuples orientaux et 'en particulier des Assyriens. Mais je ne puis omettre cette occasion de signaler au lecteur la désignation de la position de Béthulie, habituellement ignorée ou, qui pis est, très-faussement désignée jusqu'ici. Cette rectification est due au savant explorateur de la Palestine, M. Victor Guérin. Il l'a exposée devant l'Académie des inscriptions dans l'été de 1874, et a bien voulu me transmettre, en vue de la présente publication, le résultat de ses recherches.

« Béthulie, en grec Βετυλούα, en latin *Bethulia*, n'est citée que dans le livre de Judith. Des divers passages où elle est mentionnée dans ce livre, il résulte qu'elle était située sur une montagne, non loin de Dothaïm et dans le voisinage de la grande plaine d'Esdrelon; elle commandait les défilés qui de cette plaine donnaient accès dans la contrée montagneuse de la Samarie, puis de la Judée. Désespérant de pouvoir s'emparer de cette ville par la force, à cause de l'escarpement de la montagne dont elle couronnait le sommet, Holopherne chercha à la réduire par la famine et principalement par la soif, en occupant par des postes les sources qui se trou-

(1) Judith, II, 17.

(2) Dans le livre de Judith, les chefs de Moab et d'Ammon sont considérés par Holopherne comme des vassaux pendant la campagne de Judée (V, 2; cf. VI, 5, VII, 8-10, du texte grec). Les Edomites paraissent aussi subjugués (VII, 8, 10); nous avons vu le même fait rappelé dans les *Annales d'Assurbanipal*. Quant aux peuples énumérés au dix-huitième verset du texte grec (v. *supra*), Tyr et Ascalon étaient considérés comme vassaux d'après celui des *Annales* (v. Smith, p. 31-2).

valent au pied de la hauteur et où les habitants s'approvisionnaient
d'eau (1). »

M. Guérin réfute ensuite en peu de mots les identifications pro-
posées avec Djebel Foureïdis, au sud de Jérusalem (2), Safed, au
nord de la plaine d'Esdrelon, et Beit-Elfa, sur les dernières pentes
du Gelboe, position qui ne commande aucun défilé, n'est pas voisine
de Dothaïm et n'occupe point le sommet d'une montagne; et il
ajoute :

« Une quatrième opinion enfin, à laquelle je me rattache, place
Béthulie à Sanour. Ce village, en effet, est situé sur une montagne
rocheuse, escarpée de presque tous les côtés et d'un accès difficile.
Il est dans le voisinage de Tell-Dothan, jadis Dothaïm, et de la
plaine d'Esdrelon. L'armée d'Holopherne, après avoir traversé cette
plaine, devait nécessairement, pour se rendre en Samarie, puis en
Judée, passer au pied de la forteresse qu'a remplacée le village
moderne de Sanour. Tout m'incline donc à penser qu'aucun site ne
convient mieux que celui-là aux données du livre de Judith, rela-
tivement à l'emplacement de Béthulie. »

C'est là une topographie qui n'a rien de fantastique. Il ne faut
d'ailleurs nullement s'étonner de voir, au VII° siècle, des Juifs en
possession d'un pays situé en dehors des limites du royaume de
Juda. Les colonies établies par Assarhaddon ne paraissent point
s'être substituées à la *totalité* de l'ancienne population israélite, et
rien ne fait entendre que Josias fût hors de son royaume quand il
combattit les Égyptiens à Mageddo.

Mais il reste à reconnaître à quelle période de l'histoire des Juifs
appartient cet épisode, aucun règne des rois de Juda n'y étant spécifié.
Nous avons reconnu qu'il doit être un peu postérieur à la soumission
de Babylone, ou tout au moins à la première campagne de Babylonie;
en d'autres termes, voisin de 647. La prise et la ruine de Jérusalem
par Nabuchodonosor étant fixée à 586 ou 587, si l'on ajoute à ce
chiffre les durées des règnes précédents, fournies avec une concordance parfaite par le quatrième livre des Rois (3) et par le second livre
des Paralipomènes (4), on reconnaîtra que le règne de Manassés se

---

(1) Les chefs alliés disent à Holopherne : Ἐπικρατήσωσαν οἱ παῖδές σου τῆς πηγῆς
τοῦ ὕδατος, ἣ ἐκπορεύεται ἐκ τῆς ῥίζης τοῦ ὄρους · διότι ἐκεῖθεν ὑδρεύονται πάντες οἱ
κατοικοῦντες Βετουλούα · καὶ ἀνελεῖ αὐτοὺς ἡ δίψα (VII, 9). Holopherne suit ce conseil
et le manque d'eau réduit la ville au désespoir (10-16). Voy. aussi, dans la Vulgate
le passage correspondant.

(2) IV, R. XXIII, 15-20. — (3) XXI, 6, 19; XXII, 1; XXIII, 31, 36; XXIV, 6, 18.
(4) XXXIII, 1, 28; XXXIV, 1, 9-22; XXXVI, 2, 5, 9, 11.

termine vers 640, après avoir duré cinquante-cinq ans, tandis que la
minorité de Josias, dans laquelle on a voulu aussi placer ce récit, ne
commence que deux ans plus tard. Or Manassès ayant été captif des
Assyriens et conduit à Babylone (1), probablement par Assarhaddon, l'interrègne de fait que fait ressortir le silence complet du narrateur sur le rôle de la dynastie royale doit correspondre à l'une
des années de la captivité de ce prince. Le nom du grand-prêtre est
Ioakim dans le grec, Eliachim (אליקים) dans la Vulgate; or cette
dernière forme correspond, par ses éléments linguistiques essen-
tiels, à la forme חלקיה, nom d'un grand-prêtre contemporain de
la dix-huitième année de Josias (2); seul ce grand-prêtre, dans la
généalogie donnée par les Paralipomènes, remplit cette condition
parmi les héritiers de Lévi, tout au moins jusqu'à la ruine du temple
de Salomon (3); le même pontife pouvait fort bien avoir exercé
l'autorité pendant quelques-unes des années de Manassès, surtout
s'il s'agit d'une année peu éloignée des dernières de ce règne,
comme il résulte d'ailleurs des considérations chronologiques que
nous avons exposées.

<h2 style="text-align:center">IX</h2>

LA CATASTROPHE DE PHRAORTES.

Revenons enfin au point de départ de cette dissertation : ces éclaircissements nous permettent-ils de nous décider pour ou contre
l'opinion de Rawlinson concernant Phraortes? La seule campagne
de Médie dont parlent les Annales d'Assurbanipal y est mentionnée
très-sommairement : on se borne à dire que Birizhadri, un chef de
Médie (Madaï), Sarati et Pariza, fils de Gog, (et) un chef des Sahi
(Scythes, les Çaka des inscriptions perses), ayant rejeté la domination d'Assurbanipal, celui-ci prit soixante-dix de leurs villes forti-
fiées, enleva leurs dépouilles, les fit eux-mêmes captifs et les
emmena à Ninive. Des tributaires habitant à ilim miri, ayant ex-
terminé de nuit l'armée d'Iludaria, préfet de Lubdu, la tête du
coupable fut portée dans la capitale de l'Assyrie (4).

---

(1) II Paralip., XXXIII, 11, sq. Cette captivité explique parfaitement la demande
de contingent dont nous avons parlé plus haut. D'après les coutumes assyriennes,
elle ne supposait pas du tout *ipso facto* la réduction de la Judée *en province.*

(2) IV, R. XXII, 4; cf. 8, 12, 14; XXIII, 4. L'altération du copiste est une des
moins graves parmi celles des noms propres que nous avons vues dans le présent
mémoire. — (3) I Paralip., VI.

(4) *Hist. of Assurb.*, 97-9 (prisme B, col. III (fin) et IV (init.).

La grande catastrophe n'est donc pas mentionnée; les prismes doivent avoir été rédigés avant ce mémorable évènement. Ceci exclut la date finale de Déiokès (vers 656) et même toutes les dates antérieures à 647. D'un autre côté, comment retarder jusqu'à la fin du règne de Phraortes (vers 634) un événement que le livre de Judith semble placer avant les campagnes d'Holopherne? Ce ne sont plus les prismes qui nous fourniront la réponse à cette contradiction apparente; c'est un monument épigraphique découvert à Warka, l'ancienne Uruk ('Ορχόη), monument cité par M. Smith, à la page 324 de sa publication, et par M. Oppert, dans l'article du *Journal asiatique* dont nous avons déjà eu occasion de faire usage; là il est question d'une vingtième année d'Assurbanipal, que M. Oppert regarde comme une vingtième année babylonienne, se rapportant à la période qui suit la conquête : MM. Smith et Oppert sont d'accord pour identifier à ce prince le Chinaladan, ou plutôt Isinaladan (Asur-edil-ilani?) qui, dans le canon de Ptolémée, succède pour Babylone au règne de Saosduchin.

S'il en est ainsi, l'an 634 non-seulement appartient encore à Assurbanipal, mais correspond à la treizième ou quatorzième année de son règne *babylonien*, et 632 à la quinzième ou seizième (1). Si nous admettons que ce comput était celui du document original qui a servi à l'auteur du livre de Judith, en ce qui concerne la mort d'Arphaxad (Phraortes), on ne doit pas être surpris que, ne connaissant pas la différence des deux ères royales, un copiste (2) ait transposé ce fait immédiatement après les premières hostilités du roi mède contre Ninive, puisque celles-ci appartenaient à la douzième année du règne *ninivite*.

Mais l'épisode de Birizhadri a-t-il quelque rapport avec les événements qui nous ont occupés? L'on ne peut ici énoncer que de très-douteuses conjectures; il faut les énoncer cependant : quand on traite une question nouvelle ou avec des documents nouveaux, tous les éléments possibles de solution doivent être indiqués.

---

(1) La dix-septième année, comptée à partir de 647, serait 631-30, mais une différence d'un an s'explique d'une façon très-satisfaisante par l'ignorance complète où nous sommes du point de départ de l'année mède. D'ailleurs Assurbanipal a pu compter comme sienne la dernière année de son frère.

(2) Indépendamment de l'inspiration de l'auteur, on peut dire que cette erreur eût été presque impossible lors de la rédaction de cette histoire, à une époque voisine des faits.

Birizhadri est écrit avec cette orthographe :

$$\text{Bi - ri - iz - ha - ad - ri.}$$

Or si, comme nous l'apprend Hérodote (v. *supra*), Phraortes était petit-fils d'un autre Phraortes, qui, père du grand Déiokès, pouvait être considéré comme l'auteur de la dynastie, et si, comme le pense Rawlinson, la forme Phraazad est le patronymique dérivé de Fravartis ou Fraurtish (véritable forme du nom de Phraortes), lè nom transcrit, abstraction faite de la dernière syllabe, représente réellement le personnage en question désigné par son nom patronymique : le B n'est qu'un F adouci, et l'I était pour les Assyriens l'objet d'une préférence marquée, dans la transcription des noms étrangers. Ainsi (1), en Égypte, Neko est transcrit par Niku, Sésonkh par Susiinqu, T'aha (Ταχως) par Tiha, et, parmi les noms de lieu, Mennofré (Memphis) par Mi-im-pi, Hanensu par Hininsi, Pa-bai-neb-Tat (Mendès) par Bindidi, No (Thèbes) par Ni (2). Pour l'Asie, non-seulement on écrivait avec la finale I, Zurri (Tsour, Tyr), Yaudi (Juda), Guubli (Gebal, Byblos), Aruadi (Arvad, Aradus), mais Haziti pour le nom si connu de Gaza et Siilluu pour Soli (Σολοί), en Cypre (3). De plus, on pourrait même éviter l'hypothèse d'un patronymique douteux et conserver, pour la première partie du nom, la lecture Friva au lieu de Friz (4), si l'on suppose *un seul trait* omis par le copiste, ⊏Ⲏ (iz) au lieu de ⊟Ⲏ (va). Mais on peut même se dispenser complètement de supposer le patronymique, et la finale *ri*, si réellement la transcription supposée est exacte, peut fort bien s'expliquer ainsi : Fravartis (et non plus Fraazad) est un nom mythologique; il signifie le *férouër*. Si quelque indice annonçait cette particularité dans l'orthographe médique, le scribe assyrien a pu croire qu'il devait trouver là le nom d'une divinité sémitique et, par une simple métathèse, transformer en Haidri (Hadar, en assyrien Hidri, nom d'une divinité syrienne) la dernière partie dv nom de Fravartis ou Fraazad. Mais, encore une fois, ce ne serait là que l'explication du fait, *si* l'on voulait admettre que le chef mède en question était le fils de Déiokès, ce qui n'est qu'une conjecture

(1) Voy. *Hist. of Assurb.*, p. 20-21; de Rougé, leçon (inédite) du 14 janvier 1870; Oppert, *Mémoire sur les rapports de l'Ég. et de l'Ass.*, p. 55-7.

(2) *Idem.* — (3) *Hist. of Assurb.*, p. 31-2.

(4) La transcription exacte de *fri* ou *fra* est impossible en assyrien : il faut insérer une voyelle.

très-incertaine. Une campagne contre un peuple mède antérieure de beaucoup à celle que raconte Hérodote et seule antérieure à la rédaction des prismes peut s'admettre parfaitement.

X

CONCLUSION

De cette étude résultent donc une nouvelle confirmation de l'exactitude d'Hérodote, sur un point où elle avait été récemment mise en doute, et l'établissement d'une chronologie, approximative quant à certains détails, mais parfaitement logique et concordante, pour les histoires parallèles de Ninive, de Babylone, de la Médie, de la Susiane, de la Judée et de l'Égypte. Il en résulte aussi la solution de nombreuses et graves difficultés touchant le caractère historique du livre de Judith, caractère en faveur duquel paraissaient protester et la forme littéraire de la narration et la tradition tant juive que chrétienne, mais qui devait être établi sur de nouveaux arguments, quand, pour la première fois, la science pénétrait au fond de l'histoire générale de l'Orient à cette époque. Assurément tous les faits de ce récit ne se retrouvent pas, et ne devaient pas se retrouver, dans les documents assyriens, égyptiens et grecs; mais *tous* s'expliquent par des faits maintenant connus, et surtout concordent avec une histoire d'ensemble dont toutes les grandes lignes sont désormais affirmées. Il serait impossible de concevoir qu'un récit allégorique représentât un ensemble de faits connus d'ailleurs, appartenant à des histoires diverses et se rapportant *tous* à cette époque, *unique* dans l'histoire politique du monde, qui *réunit* en un petit nombre d'années : 1° le morcellement politique de l'Égypte et la domination incertaine de l'Assyrie dans ce pays; 2° une guerre ayant pour objectif un roi élamite déterminé; 3° une vengeance exercée par Ninive contre la Lydie; 4° une invasion de la Babylonie par les Assyriens; 5° une expédition assyrienne en Syrie et en Arabie; 6° une lutte acharnée des Assyriens contre les Mèdes; tous faits établis par des documents étrangers appartenant à ce même règne assyrien auquel la condition de la Judée décrite dans le livre de Judith rapporte aisément ce fait de l'histoire nationale. Le titre de la présente dissertation est donc justifié, et, si le cadre en comporte encore des lacunes, on peut compter que les traits dus à des découvertes futures ne le déplaceront pas.

PARIS. — IMPRIMERIE DE PILLET FILS AINÉ
5, RUE DES GRANDS-AUGUSTINS

www.ingramcontent.com/pod-product-compliance
Ingram Content Group UK Ltd.
Pitfield, Milton Keynes, MK11 3LW, UK
UKHW021024120726
13693UKWH00005B/2184